著：**はな**

絵：**yoko**

中国語執筆協力：茜千里

はなと学ぶ パンダに 会いに 行くための 中国語

白水社

はじめに

2023 年 2 月 21 日。朝寝坊したシャンシャンを乗せたトラックが上野動物園を出発すると、沿道に集まった大勢のファンが一斉に「シャンシャン！　ありがとう！」と涙を流しながら声を上げました。朝日が昇る方向へ、トラックがゆっくりと走って行く。上野で生まれ育った彼女の明るい未来を描くように、上野の景色は金色の光に包まれていました。

　シャンシャンを追いかけ、そのまま成田空港へと向かうと、展望デッキにはすでに多くのファンが駆けつけていました。私たちは貨物機を突き止め、どの滑走路から飛び立つのか、最後まで情報収集に努めました。「あの滑走路だ！」貨物機が動き始めると、その場は静まり返り、緊張感が走り抜けました。雲ひとつない大空に飛び立った瞬間、全員が空を見上げ、手を振り続けている。それは、中国行きが発表されてから鎮圧されていた不安や寂しさが爆発するのを誰もが感じた瞬間でした。「シャンシャ～ン！」と大きな声を上げた直後、貨物機は大きく旋回し、私たちの頭上を再び越えて、中国大陸へと飛んで行きました。

　それからシャンシャンに会いに行くために中国語を学び始め、この本の準備に取り掛かりました。そして 8 か月半が経ち、ついに、シャンシャンの一般公開が発表され、私は 2 泊 3 日という特別弾丸プランでシャンシャン・ツアーに参加することになりました。

　出発当日、乗り込んだ飛行機が速度を上げて滑走路を走り出し、上空でゆっくり旋回を始めると、涙が溢れ出しました。私は今、シャン子と同じルートを辿って、中国に向かっている。約 6 時間の空の旅。天府国際空港に着くまで興奮して一睡も出来ませんでした。

　シャンシャンが住む雅安碧峰峡基地に向かうバスが成都市のホテルを出発したのは、翌朝 6 時半過ぎ。あと数時間もすれば、大好きなシャンシャンに会える。成都市内の朝のラッシュを抜けると、バスは高速道路へと入っていきました。

　凹凸もなく、想像以上に滑らかに舗装された道路を走り続け

ること数十分。私はおもむろに手を挙げ、ツアーガイドさんに質問しました。

「シャンシャンは、同じ道を通りましたか？」

「雅安までは高速道路を通ることになるので、シャンシャンもこの道を使ったでしょう」

私は安心して、窓の外に広がる茶畑に目を向けました。

生まれた日から見守ってきた一頭のパンダに会うため、これからも大勢の方々が中国のパンダ基地に足を運ぶことでしょう。同じパンダ好きの yoko さんが描くシャンシャンと一緒に、パンダフルな旅を楽しんでいただければと思います。

はなと学ぶ　パンダに会いに行くための中国語　目次

【あいさつ・よく使う言葉】

●パンダファンとの会話

●パンダの飼育員との会話

【シャンシャンと対面して】

【お土産物屋さん、レストランで】

【シャンシャンに中国語を教えてあげよう！】

【単語集】

音声は無料でダウンロードできます

各ページの QR コードを読みとると、
該当箇所の音声を再生することができます。
全ファイルをまとめてダウンロードする場合は、
以下の URL または右上の QR コードよりアクセスしてください。

https://www.hakusuisha.co.jp/news/panda/

中国・四川省へシャンシャンに会いに行こう！

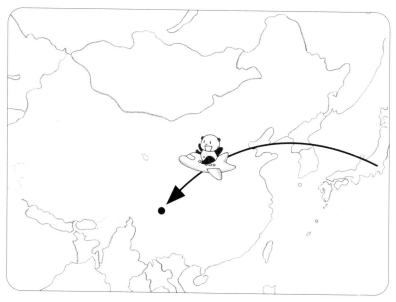

四川省
中国ジャイアントパンダ保護研究センター
雅安碧峰峡基地へ！

中国にはたくさんの方言がありますが、この本で勉強するのは“普通话 pǔtōnghuà”と呼ばれる標準語です。“普通话”では、一部の漢字を簡略化した「簡体字」が使われます。“话”は「話」の簡体字です。漢字の発音は「ピンイン」と呼ばれるローマ字で表記されます。

中国語の発音を学びましょう

1 声調

中国語は1つ1つの音に上がり下がりのイントネーションがあり、それを「声調」といいます。ピンインではā / á / ǎ / àのように、文字の上に声調記号をつけて表します。

► 002

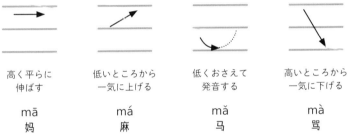

高く平らに伸ばす	低いところから一気に上げる	低くおさえて発音する	高いところから一気に下げる
mā	má	mǎ	mà
妈	麻	马	骂

4つの声調のほかに、軽く短く発音する「軽声」があります。軽声の場合、ピンインには声調記号をつけません。

第1声＋軽声	第2声＋軽声	第3声＋軽声	第4声＋軽声
mā ma	má ma	mǎ ma	mà ma

► 003

2　母音

中国語の母音は日本語よりずっと数が多く、単母音、二重母音、三重母音、鼻音（n/ng を含む母音）といった種類があります。

＊母音の前に子音がつかないときは（　）の綴りになります。
＊ i は、yī, yí, yǐ, yì のように頭の「・」を取って声調記号をつけます。

■まずは単母音を発音してみましょう。　　　　▶004

a	「ア」より大きく口を開けて発音します。
o	「オ」よりも唇を丸めて少し突き出します。
e	「イ」より唇を左右に引き、そのまま「オ」と発音します。
i (yi)	唇を左右に強く引いて「イー」と発音します。
u (wu)	「ウ」より唇を丸めて前に突き出します。
ü (yu)	口の中は「イ」の形まま、唇だけを丸めて発音します。
er	「ア」と同時に舌先をそり上げ、「ア（ル）」のように発音します。

■二重母音は前と後ろの母音をなめらかに続けて発音しましょう。

▶005

ai	ei	ao	ou	
ia (ya)	ie (ye)	ua (wa)	uo (wo)	üe (yue)

■三重母音は最初の母音をはっきり発音しましょう。

iao	iou	uai	uei
(yao)	(you)	(wai)	(wei)

* 子音に続けて綴るときは、i[o]u と u[e]i のまん中の母音を省略します。

　例　l + iou　→ liu　　　d+uei → dui

■鼻音の発音には注意が必要です。

〜 n で終わるときは、舌先を上の歯の付け根にしっかり当てましょう。

〜 ng で終わるときは、舌先をどこにも付けないままです。

an	en	in	ian	uan	uen	ün	üan
		(yin)	(yan)	(wan)	(wen)	(yun)	(yuan)
ang	eng	ing	iang	uang	ueng	iong	ong
		(ying)	(yang)	(wang)	(weng)	(yong)	

* 子音に続けて綴るときは、u[e]n のまん中の母音を省略します。
* ian の a は「エ」のように発音されます。

3　子音

中国語の子音は、発音するとき使う部位によって 6 つのグループに分けられます。また、強く息を出して発音する「有気音」と、息を抑えて発音する「無気音」の区別があります。次の表で　　　　になっているのが有気音です。b と p、d と t のように、有気音と無気音はペアになっています。

それぞれ（　）の母音を付けて練習しましょう。

►008

	無気音	有気音		
①唇音 上唇と下唇、または唇と歯を使って発音	b(o)	p(o)	m(o)	f(o)
②舌尖音 舌先を上の歯茎につけて発音	d(e)	t(e)	n(e)	l(e)
③舌根音 舌の奥を上あごにつけて発音	g(e)	k(e)	h(e)	
④舌面音 舌面を上あごの前のほうにつけて発音	j(i)	q(i)	x(i)	
⑤そり舌音 舌先をそり上げて発音（zh/ch は舌先を上あごの前方につけて「チ」、sh/r は舌先と上あごの間に隙間を作って「シ」「リ」と発音）	zh(i)	ch(i)	sh(i)	r(i)
⑥舌歯音 唇を左右に引き、「ヅー」「ツー」「スー」と発音	z(i)	c(i)	s(i)	

＊⑤⑥に付く i は特殊な記号で、単母音 i の発音にはなりません。

4 声調変化

声調は漢字ごとに決まっていますが、いくつか変化のパターンがあります。

1）第3声が連続するとき、前の第3声は第2声に変わります。声調記号は変化しないので要注意です。

►009

你 ＋ 好 → 你 好
nǐ   hǎo   nǐ hǎo

2）"不" は第4声ですが、後ろに第4声がつづくときには第2声に変化します。声調記号は変化した形で書きます。

►010

不 bù ＋ 第4声 → 不 bú

不见 bú jiàn　　不多 bù duō　　不来 bù lái　　不好 bù hǎo

3）"一" はもともと第1声ですが、後ろに続く声調によって次のように変化します。声調記号は変化した形で書きます。ただし、順序を表すときは yī のままです。

►011

一 yī ＋ 第4声　　　　　→ 一 yí
一 yī ＋ 第1・2・3声 → 一 yì

一万 yíwàn　　一千 yìqiān　　一年 yìnián　　一百 yìbǎi
一月 yīyuè　　第一课 dì yī kè

5 アル化

単語の最後にそり舌母音 er がつき、前の音と一体化して発音されることを「アル化」といいます。漢字は "〜儿" と書き、ピンインは r のみがつきます。

►012

花 → 花儿
huā   huār

こんにちは

▶013

ニィ ハ オ

你 好！

Nǐ hǎo！

人にも、パンダにも、まずは"こんにちは"のごあいさつ。
口を横に「ニー」と広げるだけで、笑顔がこぼれる魔法の
中国語です。

おはようございます

▶014

ヅァオシャン　ハオ
早上 好！

Zǎoshang hǎo！

動物園の開園前から列に並ぶパンダ好きの朝はとっても早い。
パン友（パンダ友だち）のみなさんと迎える朝は「おはよう
ございます」のあいさつが飛び交います。

こんばんは

ワンシャン　ハオ
晩上 好!

Wǎnshang hǎo!

以前、イベント会場から生中継でアドベンチャーワールド
のスーパー母さん、良浜が眠そうにお夜食を食べている姿
を見せていただいたことがあります。こんばんは、良浜。
なかなか見られない夜パンダとの出会いでした。

018

さようなら

►016

ツァイヂエン
再见！
Zàijiàn！

大好きなシャンシャンが中国に旅立った日、大勢の人たちが成田空港の展望デッキに集まりました。シャンシャンが乗った飛行機が米粒の大きさになるまで、みんなで泣きながら手を振り続け、「またね」と叫んでいたのが昨日のことのようです。

おやすみなさい

▶017

ワンアン
晩安！

Wǎn'ān！

パンダは寝るのが大好き。私も寝るのが大好き。一日に何度も「おやすみなさい」と言われるパンダが、たまにうらやましくなります。

ありがとう

シエシエ
谢谢！
Xièxie！

▶018

参考 どういたしまして

ブゥヨン　シエ
不用 谢！
Búyòng xiè！

▶019

いつも幸せな気持ちにさせてくれるパンダには、感謝の気持ちしかありません。パンダたちは「どういたしまして」と思っているのかな？

▶020

すみません

不好意思！

ブゥハオイース

Bùhǎoyìsi！

人に声をかける時、何かを尋ねたい時に、覚えておきたい言葉。
旅先で「すみません」と逆に声をかけられると、なぜかうれしく
なります。現地に溶け込めたとガッツポーズを胸に刻む瞬間です。

私の名前は～です

▶021

我 叫 ～。

ウォ　ヂアオ

Wǒ jiào ～ .

参考 私の名前ははな（華）です

▶022

我 叫 华。

ウォ　ヂアオ　ホア

Wǒ jiào Huá.

ひらがなの場合は漢字をあて、中国語読みになります。私の中国名は「華」です。同じ名前がついているパンダを見かけると温かい気持ちに包まれます。あなたの名前は何ですか？　名前を交換できる中国のパン友さん、増やしていきたいな。

► 023

私は日本人です

ウォ シー リーベンレン

我是日本人！

Wǒ shì Rìběnrén！

日本にはパンダ好きが多いということや、たくさんのパンダを
育てていることを世界中に広めたいですね。

わかりました

▶024

ウォ ドン ラ
我 懂 了!

Wǒ dǒng le !

わかりません

▶025

ウォ ブゥ ドン
我 不 懂。

Wǒ bù dǒng.

飼育員さんに健康状態をスムーズにチェックしてもらえるように、パンダはハズバンダリートレーニングを重ねます。診察を受けている間はずっと餌をもらっているので、本当に状況を理解できているのかどうか疑問ではありますが、「わかりました」と言わんばかりに協力的な姿勢がまた愛らしいのです。

中国語は話せません

►026

ウォ ブゥ ホイ シュオ ハンユィ
我 不 会 说 汉语。

Wǒ bú huì shuō Hànyǔ.

中国に到着したシャンシャンがちんまりした姿でタケノコを食べている様子は「私は中国語は話せません」と訴えているようでした。今では中国の生活に慣れて、中国語も上達しているようです。

もう一度ゆっくり
話してもらえますか？

▶027

ニィ ノン マン ディアル シュオ イー ビエン マ
你 能 慢 点儿 说 一 遍 吗？

Nǐ néng màn diǎnr shuō yí biàn ma ?

information

早口に聞こえる中国語でも、ゆっくり話してもらったら、聞き取れるかもしれません。一度はチャンスがあると思って、迷わず使ってみてください。

書いてもらえますか？

▶028

ノン シエ ゲイ ウォ マ

能 写 给 我 吗？

Néng xiěgěi wǒ ma ?

同じ漢字を使う言語なら、書いてもらったほうが通じる時があります。言葉の接点を見つけて、歩み寄ることも大事です。

いる
ヤオ
要。

Yào.

▶029

▶030

いらない
ブゥ　ヤオ
不 要。

Bú yào.

シャンシャンは、ニンジンが大っ嫌いでした。みじん切りにしても、擦っても、いらないものはいらない。それくらい頑固に自分の意志を貫くことも、時には必要ですね。
＊これはかわいいシャン子だから許されることなので、良い大人は真似しないように。

具合が悪いです

<ruby>我<rt>ウォ</rt></ruby> <ruby>身体<rt>シェンティー</rt></ruby> <ruby>不<rt>ブゥ</rt></ruby> <ruby>太<rt>タイ</rt></ruby> <ruby>舒服<rt>シューフ</rt></ruby>。

Wǒ shēntǐ bú tài shūfu.

 不快に感じる天候でのパン活は体にこたえます。最悪の事態を招く前に、具合が悪くなったら必ず助けを求めましょう。

おもしろい！
好玩儿！
ハオワル

Hǎowánr！

かわいい！
可爱！
コァアイ

Kě'ài！

パンダの行動や表情はおもしろい瞬間のオン・パレードです。背中にチャックがついているのではないかと、いまだに疑われるパンダもいます（リーリー、永明ほか）。私はシャンシャンのブヒ顔が大好物です。

きれいですね

►034

好美啊！

ハオ　メイ　ァ

Hǎo měi a !

大自然に囲まれた四川省では、きれいな景色に出会えるスポットがたくさんあります。「きれいですね」が中国語でサラッと出てきたら、あなたも語学マスターまっしぐら。

ティッシュは
どこで買えますか？

▶035

ヴァイ　ナール　ノン　マイダオ　ウェイションヂー
在 哪儿 能 买到 卫生纸？
Zài nǎr néng mǎidào wèishēngzhǐ ？

中国の山奥ではトイレットペーパーがないトイレによく出合います。財布、携帯、水の次に持っていたほうがいいアイテムはずばり、ティッシュペーパー。どこで買えるか、いつでも聞けるようにしておくと安心です。

中国のトイレ事情

旅先のトイレ事情は、事前に確認することをおすすめします。以前、中国の山奥で遭遇したトイレは「シュッポッポ式」、いわゆる電車型で、一本の溝を一列になってまたぐシステムになっていました。先方の頭しか見えないよう、板で一人ずつ区切られていて、先頭車両に乗車した方には溝に流れる水が出る蛇口をひねる権利が与えられます。自分の真下を他人の汚物が流れるという画期的なシステムでしたが、シルクロードを横断中に一度、出合っただけなので、そんなに頻繁に見る光景ではありません。

今回、四川省で利用した公衆トイレは洋式でも和式（便座レス）でも、トイレットペーパーが設置されていないところが多かったです。トイレで使う紙は必ず、持参する必要があります。ティッシュペーパーもそうですが、中国のトイレットペーパーは水溶性ではないため、便器の隣に使用済みの紙を入れるゴミ箱が設置されています。その光景を初めて見たパン友さんは、なぜそうなっているのかがわからず、日本から持ってきたティッシュペーパーをそのままトイレに流していたそうです。中国のトイレは水圧が弱く、下水道のしくみも日本と違って詰まりやすいので、使用した紙は流さずゴミ箱に捨てることを心がけたいです。

ちなみに、コンビニでもトイレ専用の紙を買うことができます。トイレのイメージからかけ離れたイラストが目印になったパッケージには「便携式面巾紙」の文字が。こちらも水溶性ではないので、使用した後はゴミ箱にポイします。

小心地滑
SLIPPERY SURFACE

**请将废弃物
置于纸篓内**
PLEASE PUT THE
WASTES INTO THE BASKET

请带好随身物品
DO NOT FORGET YOUR BELONGINGS

请勿踩踏坐便器
DO NOT STEP ON THE TOILET SEAT

天府国際空港のトイレ内の表示。

中国のコンビニで買った
ティッシュペーパー。

パンダに
会いに来ました

►036

ウォ　ライ　カン　シオンマオ　ラ
我 来 看 熊猫 啦！

Wǒ lái kàn xióngmāo la !

「ニーハオ」のあいさつにつけ加えたいフレーズです。

これはカメラです

►037

ヂョア　シー　シアンヂー
这　是　相机。

Zhè shì xiàngjī.

パンダカメラマンが使うカメラはバズーカ並みに大きい。「これは何ですか？」と聞かれたらすぐに答えられるようにしましょう。

►038

迷子になりました

ウォ　ミー　ルゥ　ラ

我 迷路 了。

Wǒ mílù le.

パンダは迷子になるのかな？　パンダは嗅覚が鋭いので、自分やほかのパンダ、周辺のもののにおいから様々な情報を得ているそうです。嗅覚にはそこまで自信が持てない方向音痴の私はとりあえず「迷子になりました」の言葉を覚えることにします。

►039

タクシー乗り場は
どこですか？

ヴァイ　ナール　ノン　ヅオ　チューヅーチョア
在 哪儿 能 坐 出租车?
Zài nǎr néng zuò chūzūchē ?

個人で旅をする時、お世話になるのが現地のタクシーです。
迷子になったら大きな施設のタクシー乗り場を探して、帰る
手段を見つけること。

〜ホテルまでお願いします

去 〜 酒店。
チュイ　　　ヂウディエン

Qù 〜 jiǔdiàn.

▶040

▶041

参考 雅安クラウンプラザホテルまで
お願いします

チュイ　ヤアアン　ホアングアン　ジアリー　ジウディエン
去 雅安 皇冠 假日 酒店。
Qù Yǎ'ān huángguān jiàrì jiǔdiàn.

日本語と中国語では発音が変わるので、宿泊先が決まったら
まずはホテル名を覚えておくと便利です。

エアコンの温度を
上げてもらえますか？

コンティアオ ウェンドゥ ノン ガオ イーディアル マ
空调 温度 能 高 一点儿 吗？
Kōngtiáo wēndù néng gāo yìdiǎnr ma ?

►042

►043

参考 エアコンの温度を
下げてもらえますか？

コンティアオ ウェンドゥ ノン ディー イーディアル マ
空调 温度 能 低 一点儿 吗？
Kōngtiáo wēndù néng dī yìdiǎnr ma ?

外は暑いのに、中に入ると寒い。旅先あるあるです。
タクシーでも寒かったら遠慮なく伝えましょう。

初めて中国に来ました

►044

ウォ ディー イー ツー ライ ヂョングオ

我 第 一 次 来 中国！

Wǒ dì yī cì lái Zhōngguó！

中国に到着したパンダもきっと、現地のみなさんに元気よく
あいさつしているはず。初めて中国に来ました！

パンダ基地まで
お願いします

▶045

チュィ　　ダーシオンマオ　　ヂーディー
去 大熊猫 基地。

Qù dàxióngmāo jīdì.

駅やホテルからパンダ基地までタクシーを利用する場合に必要なフレーズ。タクシーの運転手さんとの会話も楽しめるようになるためのファースト・ステップです。通じたらもっと話したくなりそう！

～駅までの切符を買いたいです

►046

ウォ　シアン　マイ　チュィ　　　　ヂャン　ダ　ピアオ
我 想 买 去 ～ 站 的 票。

Wǒ xiǎng mǎi qù ～ zhàn de piào.

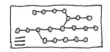

►047

参考 天府空港までの切符を
　　　買いたいです

ウォ　シアン　マイ　チュィ　ティエンフー　ヂーチャン　ダ　ピアオ
我 想 买 去 天 府 机 场 的 票。

Wǒ xiǎng mǎi qù Tiānfǔ jīchǎng de piào.

雅安までは、成都から高速鉄道と地下鉄を乗り継いで行くことができます。高速鉄道の切符はアプリでも購入できますが、地下鉄の切符は案内所で買うことも想定して覚えておきたい一言。

タクシー代は
いくらですか？

▶048

ダーチョア　チュィ　ダーガイ　ドゥオシャオチエン
打车 去 大概 多少钱？

Dǎchē qù dàgài duōshaoqián ?

初めて訪れる地ではあらかじめ、目的地までのタクシー代を
調べておくのが無難です。パンダ基地までのタクシー代はい
くらですか？

中国での支払い方法は？

今回は天府空港に到着するのが夜。しかも、中国での滞在時間が47時間という短い旅だったので、成田空港で両替を済ませてから旅立ちました。

ツアー参加者の中には「Alipay」や「WeChat Pay」のアプリをダウンロードされていた方もいらっしゃいました。日本ではあまり馴染みのない決済方法ですが、WeChatはスマホ決済が可能なほか、メッセージ機能も付いているので出発前に添乗員さんからダウンロードを勧められました。私はデジタルデトックスも兼ねて一切、ネットに接続しないと決めていたので、Wi-Fiも借りず（ホテルでも未接続）、携帯のデータ通信もせず、現金のみのアナログ人間で過ごしました。ちなみに中国では規制により、Google、Facebook、LINEなどのアプリは使用できません。

雅安碧峰峡基地のすぐ外のお土産物屋さんなどではすべて現金での支払いを求められ、Alipayを試みた方もアプリが使えず結局、現金で支払うことに。システム上、AlipayやWeChat Payが日本からの旅行客向けになっていないところも多く、まだまだ現金が強いという印象を受けました。ただ、お釣りがないと言われて買えなかったり、慌てて両替して小銭を用意した人もいて、現金のデメリットもあります。お釣りがなく「おまけ」を代わりに付けてくれる時もありました。お釣りがおまけに化けるなんて、日本ではあまり見かけない現象ですよね。

パン友さん情報によると、地下鉄の切符や碧峰峡基地内の観覧バス券、売店でも現金を使用したそうです。ちなみに、私が唯一、クレジットカードを取り出したのは天府空港でスターバックスの中国成都限定のタンブラーを購入した時でした。

※ 2023年11月時点のことです。

大人用チケット
1枚お願いします

►049

一 张 成人票。

イー　ヂャン　チョンレンピアオ

Yì zhāng chéngrénpiào.

最近ではチケットをオンラインで購入することが多いですが、現地の窓口で直接チケットを購入することももちろんできます。滞在中は何度も使うフレーズです。

現金で支払いは
できますか？

▶050

（ノン　ヨン　シエンヂン　マ）

能 用 现 金 吗 ?

Néng yòng xiànjīn ma ?

▶051

参考 **WeChat Pay は使えますか？**

（ノン　ヨン　ウェイシン　マ）

能 用 微 信 吗 ?

Néng yòng Wēixìn ma ?

Alipay は使えますか？

（ノン　ヨン　ヂーフーバオ　マ）

能 用 支 付 宝 吗 ?

Néng yòng Zhīfùbǎo ma ?

私は中国での支払いはほとんど現金でしたが、WeChat や
Alipay を使用した方もいました。どの支払い方法が有効な
のか、お店によって異なるので聞いてみましょう。

飼育員ボランティアプログラムは
ありますか？

ヨウ　ダン　ダーシオンマオ　ヂーユアンヂョア　ダ　シアンムゥ　マ
有 当 大熊猫 志愿者 的 项目 吗？
Yǒu dāng dàxióngmāo zhìyuànzhě de xiàngmù ma ?

▶052

パンダのお世話をする、ボランティアプログラムを実施している
施設もあります。掃除をしていても、パンダが気になって「レレ
レのおじさん」のような動きになってしまうことがあるそうなの
で注意が必要ですね。

シャンシャンのところに
連れて行ってください

ノン　ダイ　ウォ　チュィ　シアンシアン　ダ　ディーファン　マ
能 带 我 去 香香 的 地方 吗？

Néng dài wǒ qù Xiāngxiāng de dìfang ma ?

►053

雅安碧峰峡基地の入り口をくぐったら、まずは園内の観覧バスのチケットを買います。グループの場合はまとめて購入するほうが効率が良い。バスの運転手さんに「シャンシャン」と伝えればすぐに連れて行ってくれるそうですが、ここは丁寧に。

写真を撮って
もらえますか？

►054

能帮我拍张照片吗？

ノン バン ウォ パイ ヂャン ヂャオピエン マ

Néng bāng wǒ pāi zhāng zhàopiàn ma？

パンダを見かけるとついカメラを向けてしまいますが、せっかく
中国に来たのですから、みんなで記念撮影も忘れずに。現地の方
に頼めば喜んで撮影してくれます。

トイレは
どこですか？

▶055

ウェイションヂエン　ヅァイ　ナール
卫生间 在 哪儿？
Wèishēngjiān zài nǎr ?

NHK 中国語会話に生徒役で出演していた時は、中国語のフレーズを丸暗記していました。番組を卒業してから 20 年以上も経つのに、いまだに覚えているのが「トイレはどこですか？」

水はどこで
買えますか？

▶056

ヴァイ　ナール　ノン　マイダオ　シュイ
在 哪儿 能 买到 水？

Zài nǎr néng mǎidào shuǐ ?

海外に行くと、必ず購入するのがミネラルウォーター。一日に
たくさん歩くので、なくなったら迷わず買い足すことを心がけ
たいですね。水分補給しながらパン活を楽しみましょう。

パンダグッズは
どこで買えますか？

ヴァイ ナール ノン マイダオ シオンマオ ダ シャンピン
在 哪儿 能 买到 熊猫 的 商品？

Zài nǎr néng mǎidào xióngmāo de shāngpǐn ?

▶057

日本とはまた違う雰囲気のグッズが多く売られている中国。私は雅安碧峰峡基地の外にある売店やホテルで様々な種類のパンダグッズを購入。今後、シャンシャングッズが増えることを期待しています。

お湯を
入れてください

▶058

ゲイ　ウォ　ダオ　ディアル　カイシュイ
给 我 倒 点儿 开水。

Gěi wǒ dào diǎnr kāishuǐ.

雅安碧峰峡基地内に食堂はありませんが、売店でカップ麺を購入すると、お湯を入れてもらうことができます。スープの辛さも選べるそうですよ。ツアーの方は観光客センターまで行って昼食をとります。そのレストランではパンダ型のケーキもあります（要事前予約）。

すぐ帰るので、もう少しだけ見せてください

▶059

再看一会儿，马上就走！

<ruby>再<rt>ヅァイ</rt></ruby> <ruby>看<rt>カン</rt></ruby> <ruby>一会儿<rt>イーホアル</rt></ruby>，<ruby>马上<rt>マーシャン</rt></ruby> <ruby>就<rt>ヂウ</rt></ruby> <ruby>走<rt>ヅォウ</rt></ruby>！

Zài kàn yíhuìr, mǎshàng jiù zǒu！

閉園ギリギリまでパンダと向き合っていたい。そんな時は案内係の方に「もう少しだけ」とお願いすると数分、待ってくれるそう。

シャンシャンが食べているのと同じりんごはありますか？

ヨウ　シアンシアン　チー　ダ　ナー　ヂョン　ピングオ　マ
有 香香 吃 的 那 种 苹果 吗？

Yǒu Xiāngxiāng chī de nà zhǒng píngguǒ ma？

▶060

雅安碧峰峡基地にある売店では、シャンシャンが食べているおりんごと同じ農園で育ったりんごを販売しているそうです！「甘くて、ジューシーだった」とパン友さんは言っていました。次回は絶対に注文します。

バス停はどこですか？

ゴンヂアオチョアヂャン　ヅァイ　ナ　ー　ル

公交车站 在 哪儿？

Gōngjiāochēzhàn zài nǎr ?

▶061

雅安碧峰峡基地の敷地内はとても広く、帰りはバス停から観覧バスに乗ってパンダ基地の入り口まで戻ることをおすすめします。バス停は園内に3か所あり、10分おきに走っています。

シャンシャンは
知っていますか？

►062

ニィ　ヂーダオ　ダーシオンマオ　シアンシアン　マ

你 知道 大熊猫 香香 吗?

Nǐ zhīdao dàxióngmāo Xiāngxiāng ma ?

現地のパン友さんたちに日本のパンダのことを聞いてみたいですよね。
知られているだけで、誇らしい気持ちになってしまいそう。

私は日本から来ましたが、あなたは？

<ruby>我<rt>ウォ</rt></ruby> <ruby>是<rt>シー</rt></ruby> <ruby>日本人<rt>リーベンレン</rt></ruby>，<ruby>你<rt>ニィ</rt></ruby> <ruby>是<rt>シー</rt></ruby> <ruby>哪儿<rt>ナール</rt></ruby> <ruby>的<rt>ダ</rt></ruby> <ruby>人<rt>レン</rt></ruby>？

Wǒ shì Rìběnrén, nǐ shì nǎr de rén ?

▶063

パンダをきっかけに、私は大勢のパン友さんに出会うことができました。中国でもパンダ好きの方にどんどん声をかけて、パン友ワールドがグローバルな規模で広がっていくことを願っています。

▶064

推しのパンダは誰ですか？

ニィ ヅイ シーホアン ダ シオンマオ シー ナー イー ヂー
你最喜欢的熊猫是哪一只?
Nǐ zuì xǐhuan de xióngmāo shì nǎ yì zhī ?

みんなの推しパンを知りたいです。知ることによって、パンダの認識力アップにつながりそうです。ちなみに、私の推しパンはシャンシャンです。

パンダの情報は
どこで入手していますか？

<ruby>你<rt>ニィ</rt></ruby> <ruby>平时<rt>ピンシー</rt></ruby> <ruby>在<rt>ヅァイ</rt></ruby> <ruby>哪儿<rt>ナール</rt></ruby> <ruby>看<rt>カン</rt></ruby> <ruby>熊猫<rt>シオンマオ</rt></ruby> <ruby>的<rt>ダ</rt></ruby> <ruby>新<rt>シン</rt></ruby> <ruby>动态<rt>ドンタイ</rt></ruby>？

Nǐ píngshí zài nǎr kàn xióngmāo de xīn dòngtài ?

► 065

SNS が主流かもしれませんが、その中でも誰のアカウント、
どこのアカウントをチェックすればパンダの最新情報を入手で
きるのか。現地のパンダ通の方に聞いてみたいです。

あとどれくらい
並びますか？

▶066

ハイ　ヤオ　パイ　ドゥオヂウ
还要排多久？

Hái yào pái duōjiǔ ?

シャンシャンの5歳のお誕生日には5時間ほど並びました。
そして、順番が来るとシャンシャンは壁に顔を向け、爆睡して
いました。もう怖いものはありません。

前にどうぞ

▶067

チン　ニィ　パイ　ウォ　チエンミエン　バ
请你排我前面吧。

Qǐng nǐ pái wǒ qiánmiàn ba.

　上野動物園の観覧方法とは違い、雅安碧峰峡基地でのシャンシャンの観覧は立ち止まって見ることができます。途中、後ろの方に「前にどうぞ」と場所を譲る気持ちも大切ですね。

その写真、
送ってもらえますか？

ヂョア　ヂャン　ヂャオピエン　ノン　ファーゲイ　ウォ　マ
这张照片能发给我吗？

Zhè zhāng zhàopiàn néng fāgěi wǒ ma ?

▶068

観覧待ちの時、中国のパンダファンの方が前日に撮影したシャンシャンの写真を見せてくれました。「その写真、送ってもらえますか？」と尋ねたら、喜んで携帯に送信してくれました。次はお礼に、上野で撮影したベビシャンの写真を送れるように準備しておきます。

ついに、シャンシャンと再会！

シャンシャンの家に到着したのは、午後1時半頃。シャンシャンが次に登場すると言われていた時間の30分前とあって、すでに大勢のファンが集まっていました。

　ガラスに自分の姿が映ることを懸念し、上野動物園組は黒い服でパン活を楽しんでいるのですが、中国のパンダファンの間でも黒い服は暗黙のルールだったようで「色がある服は脱いでください」と日本語に訳されたフレーズが画面に表示された携帯が中国のパンダファンから回ってきました。お主、わかっているのう、、、と感心する間もなく、次は「静かにしてください」のフレーズが中国のパンダファンの携帯画面から神のお告げのように現れました。緊張した空気が流れ、シャンシャンとの再会を待ちわびていた私は喜びのあまり涙するどころか、粗相をしてはいけないと、身が引き締まる思いでステージを見つめていました。

　上野動物園ではシャンシャン部屋の前で立ち止まることができなかったため、カニ歩きしながら観覧を楽しんでいたのです。同じ場所からずっとシャンシャンを見ることを許される、夢のような時間を噛み締めながら、私は待機列に並んでいました。中国のシャン友（シャンシャン友だち）のみなシャンも愛情たっぷり。これならシャン子を預けても、大丈夫だね。それから数分後、山からシャンシャンがゆっくりと、白黒の羽衣を広げた天女のように舞い降りてきました。

　かわいらしさと力強さが増し、立派なレディーに成長したシャンシャン。今では日本人のシャンシャンファンの「シャン〜シャン〜！」の掛け声に応えるべく、シャン子らしいお転婆な表情も見せてくれるようになりました。次回は私も神のお告げを無視して一言だけ「シャン子〜！」と叫びたいと思います。

いつもライブ動画を見ています

ウォ ヅォンシー カン シオンマオ ダ ヂーボー
我 总是 看 熊猫 的 直播。

Wǒ zǒngshì kàn xióngmāo de zhíbō.

►069

パンダの飼育員さんたちもスーパースターです。もっと動画をアップしていただきたいので、たくさんお礼を伝えていきましょう。

今年は何頭のパンダが
生まれましたか？

ヂンニエン チューションラ ヂー ガ シオンマオ バオバオ
今年 出生了 几 个 熊猫 宝宝？
Jīnnián chūshēngle jǐ ge xióngmāo bǎobao ？

▶070

飼育下における出生率は高くなってきましたが、メスの発情期は1年で2〜3日しかないということもあり、赤ちゃんパンダの誕生は奇跡です。パンダ基地に行ったら飼育員さんに直接、確認したいですね。

一番人気のパンダは
誰ですか？

<ruby>最<rt>ツィ</rt></ruby> <ruby>有<rt>ヨウ</rt></ruby> <ruby>人<rt>レン</rt></ruby> <ruby>气<rt>チー</rt></ruby> <ruby>的<rt>ダ</rt></ruby> <ruby>熊<rt>シオン</rt></ruby> <ruby>猫<rt>マオ</rt></ruby> <ruby>是<rt>シー</rt></ruby> <ruby>哪<rt>ナー</rt></ruby> <ruby>一<rt>イー</rt></ruby> <ruby>只<rt>ヂー</rt></ruby> ？

最有人气的熊猫是哪一只？

Zuì yǒu rénqì de xióngmāo shì nǎ yì zhī ?

▶071

施設によって、一番人気のパンダが異なりそう。日本生まれのパンダが一位に躍り出る日も近いはず！

シャンシャンの
お婿さん候補は？

►072

シアンシアン　ダ　ラオゴン　レンシュエン　ヨウ　ナーシエ

香香 的 老公 人选 有 哪些？

Xiāngxiāng de lǎogōng rénxuǎn yǒu nǎxiē ?

一番気になる質問です。ビジュアルではなく、パンダは嗅覚でパートナーを選び、メスが主導権を握っているそう。みんなのお父さんパンダのように、イケパンでやさしいお婿さんに出会えるといいね♡

シャンシャンは
いい子にしてますか？

シアンシアン　ヅィヂン　グアイ　マ
香香 最近 乖 吗？

Xiāngxiāng zuìjìn guāi ma ?

▶073

シャンシャンに初めて会った時は、まだ7か月の子パンダでした。その時の持ち技を一度の観覧ですべて見せてくれた、シャンシャン。「なんていい子なんだ」と感動しました。会う度にみんなを笑顔にしてくれるパンダは間違いなく、みんないい子です。

日本のパンダは
どんな竹が好みですか？

リーベン　ダ　シオンマオ　シーホアン　シェンマヤン　ダ　ヂューヅ

日本 的 熊猫 喜欢 什么样 的 竹子?
Rìběn de xióngmāo xǐhuan shénmeyàng de zhúzi ?

▶074

シャンシャンの中国行きが決まった時、私が真っ先に気になったのは「中国の竹が口に合うかどうか」でした。永明もグルメだし、シャンシャンは一時期、孟宗竹にハマっていました。今のところ、シャンシャンは大好物のタケノコを食べている場面ばかり目にしますが、中国ではどんな竹が口に合うのでしょう？

シャンシャンは
ニンジンを食べられるように
なりましたか？

香香 能 吃 胡萝卜 了 吗？

(シアンシアン ノン チー フールオボ ラ マ)

Xiāngxiāng néng chī húluóbo le ma？

▶075

みじん切りにしても、擦っても、嫌なものは嫌！ 時には、飼育員さんが切り刻んだニンジンを踏み倒していたこともありました。中国に到着した時は、大量のニンジンがトラックの荷台に載っていて、シャン友の誰もが「大丈夫か」と心配していたはず。中国ではニンジン、食べられるようになったのかな？

このパンダは雄ですか？
雌ですか？

ヂョア　ヂー　シオンマオ　シー　ゴン　ダ　ハイ　シ　ムゥ　ダ
这只熊猫是公的还是母的？

Zhè zhī xióngmāo shì gōng de háishi mǔ de ?

►076

上野動物園にいたトントンが雄だと思われていたように、子どもの頃に性別を見分けるのは大変だそう。雌か雄、顔や体型で見分けられるようになったらパンダ上級者ですね。

シャンシャンは
何時に食事をしますか？

<ruby>香<rt>シアンシアン</rt></ruby><ruby>香</ruby> <ruby>几<rt>ヂー</rt></ruby> <ruby>点<rt>ディエン</rt></ruby> <ruby>吃<rt>チー</rt></ruby> <ruby>饭<rt>ファン</rt></ruby>?

香香 几 点 吃 饭?
Xiāngxiāng jǐ diǎn chī fàn ?

▶077

パンダたちは、食事の時間に観覧スポットに現れるので、あらかじめ知っておきたい情報です。時間の30分前には大勢のファンが集まります。早めに待機すると良いでしょう。

ガラスを
拭いてもらえますか？

ノン　ツァー　イーシア　ボーリ　マ

能 擦 一下 玻璃 吗？

Néng cā yíxià bōli ma ?

►078

朝の時間など結露でパンダが見えない時は飼育員さんにお願いすると、ガラスを拭いてくれるので遠慮なく伝えましょう。

日本から
会いに来たよ！

►079

ウォ　ツォン　リーベン　ライ　カン　ニィ　ラ

我从日本来看你啦！

Wǒ cóng Rìběn lái kàn nǐ la !

シャンシャンはファンサービスを忘れていませんでした。黒い服を着た日本のパンダファンの近くまで来て、あいさつしてくれましたね！

久しぶり！
元気だった？

▶080

好久不见！ 你过得好吗？
ハオヂウ ブゥ ヂエン　ニィ グオダ ハオ マ

Hǎojiǔ bú jiàn！ Nǐ guòde hǎo ma？

パンダに会うと、ついつい人間の言葉で話しかけてしまいます。
表情を見て、「通じ合っている！」と勝手に思い込むのもまた
楽しいです。

竹も食べてね

▶081

多 吃 点儿 竹子!

ドゥオ チー ディアル ヂューツ

Duō chī diǎnr zhúzi!

▶082

参考 パンダ団子

シオンマオ ウォーウォトウ
熊猫 窝窝头
xióngmāo wōwotóu

タケノコ
ヂュースン
竹笋
zhúsǔn

中国でタケノコをおいしそうに頬張るシャンシャンを見てホッとしましたが、あれ？ 竹には手を出そうとしません。タケノコは水分が多いので、フンが緩くならないように竹の繊維質も必要。バランスよく食べようね、シャンシャン。

風邪ひいてない？

▶083

メ イ ヨ ウ　ガ ン マ オ　バ
没有 感冒 吧？

Méiyou gǎnmào ba ?

中国で大人気の花花ちゃん（和花）と双子の和葉は昨年の夏、風邪をひいてしまい、展示をしばらく中止していました。夏の暑さには弱いパンダ。熱中症には気をつけてくださいね。

大丈夫だよ

►084

►084

没事儿的！
メイ シー ダ

Méi shìr de！

上野動物園の東園から西園までの移動で7キロも体重を落とした、シャンシャン。中国でも新しい環境に慣れるまで時間がかかりましたが、飼育員さんたちのおかげで、たくましいレディに成長しました。大人への階段はまだまだ続くけど、シャンシャンなら絶対に大丈夫だよ。

► 085

私たちがついてるよ！

ウォメン　ヅァイ　ヂョアル
我们 在 这儿！

Wǒmen zài zhèr !

日本生まれのパンダたちの一般公開が始まり、応援に駆けつけるファンが増えました。環境が変わって、不安だったよね。さみしかったよね。でも、もう大丈夫。どこに行っても、私たちがついてるよ！

友だちはできた？

►086

ヂアオダオ　ポンヨウ　ラ　マ
交到 朋友 了 吗?

Jiāodào péngyou le ma?

蝶々を追いかけているシャンシャンが話題になりました。
日本ではカラスの力太郎が唯一の友だちでしたが、中国の
リスや鳥、みんなとは仲よくしてるかな？

お誕生日おめでとう！

シ ョ ン リ ー　　ク ア イ ロ ァ
生日 快乐！

Shēngrì kuàilè！

▶087

お誕生日を迎えると、大勢の人たちがお祝いに駆けつけます。生まれてきてくれて、ありがとう。いつまでも元気で、長生きしてね。

ホテル選びのポイント

私が参加したシャンシャンに会いに行くツアーでは大きなホテルに宿泊し、本場の茶芸師によるパフォーマンスや伝統芸能の川劇（素早く面を変えながら演技をする「変面」が見どころの劇）を観る時間が設けられていました。ホテルで行われた茶芸のデモンストレーションでは、注ぎ口が1メートルほどある急須から湯のみに湯を注ぐアクロバティックな芸を堪能。お茶に親しむ文化が様々な形で根付いていることが四川省でも確認でき、日本で茶道を嗜む私にとっては刺激的な時間でした。

ホテルでパンダグッズを購入したり、茶芸を体験できたりして、短い滞在でも四川省カルチャーに触れることができました。何よりも、ホテルの朝食バイキングは四川名物の麺とトッピングだけでも数種類、目移りするほど豪華なラインアップ。麺を1種類しか食べられなかったことはこの旅、唯一の心残りです。

雅安に個人旅行で行ったパン友さんは、碧峰峡基地の正門から徒歩3分ほどの民宿に滞在したそうです。その理由は「シャンシャンに一番近い宿だから」。民宿では仲間同士で円卓を囲み、宿主さんとも親しくなったので、次回も泊まる予定とのこと。1秒でも早く開園前から並び、推しパンのもとへゴー！　したい方は、パンダ基地にできるだけ近い宿が良いかもしれません。パンダ基地までの時間や予算、体力と相談しながら、それぞれの目的に合うホテル選びが大切です。

これいくらですか？

ヂョアガ　ドゥオシャオチエン

这个 多少钱？

Zhège duōshaoqián？

►088

買い物をする時には必須。値段を書いていない時は、必ずいくらか尋ねてから購入するようにしましょう。交渉が成立しなくても、ほしいものがあったら出会いだと思って買ってよし！と私は思っています。

もっと安く
なりますか？

►089

能 便宜 点儿 吗？

ノン　ピエンイ　ディアル　マ

Néng piányi diǎnr ma ?

ジャマイカの市場で「パティ」というミートパイの値段交渉に
勝ったことがあるのですが、いまだに「そこまで値切らなくて
もよかったな」と後悔しています。でも、感覚的にもっと安く
ていいと思う物や、複数買うから安くしてほしい物は堂々と値
段を交渉していくべし。

高い！

▶090

タイ グイ ラ
太贵了！

Tài guì le !

参考 安い！

▶091

ハオ ビエンイ ア
好便宜啊！

Hǎo piányi a !

上海の豫園で一目惚れした器を買う時、友だちが全員で「高い！」
と合唱してくれたおかげで商品を安く購入することができました。
私が初めて覚えた中国語の言葉です。

1個ください

ウォ　ヤオ　イー　ガ

我 要 一 个。

Wǒ yào yí ge.

 数字、大事です。でも、発音を一歩間違えると、まったく通じないこともあるのでここは正確に覚えておきたいですね。

ほかの色は
ありますか？

▶093

ヨウ　チーター　イエンソァ　ダ　マ
有 其他 颜色 的 吗？

Yǒu qítā yánsè de ma ?

パンダグッズではかの色があったら見せてほしいですよね。ディスプレイにはなくても、奥の棚から出してくれることもあります。

このパンダの
名前は〜ですか？

►094

ヂョア　ヂー　シオンマオ　ヂアオ　　マ
这 只 熊猫 叫 〜 吗？
Zhè zhī xióngmāo jiào ~ ma ?

Huahua

?

参考 このパンダの名前はベイベイですか？

►095

ヂョア　ヂー　シオンマオ　ヂアオ　ベイベイ　マ
这 只 熊猫 叫 贝贝 吗？
Zhè zhī xióngmāo jiào Bèibei ma ?

面識のないパンダのグッズが売られている時は、そのパンダの
名前を確認して勉強していきたいです。成都のお土産物屋さん
は花花ちゃんグッズであふれていました。

►096

ちょっと考えます

ウォ　ヅァイ　カオリュィカオリュィ
我 再 考慮考慮。

Wǒ zài kǎolùkaolü.

買い物をする際に店員さんの圧に押され、ほしくない商品を
買ってしまうこともあります。それを避けるための魔法の言葉。
ちょっと考えます（＝いらない）。

▶097

これください

ウォ　ヤオ　ヂョアガ
我 要 这 个。

Wǒ yào zhège.

これもパンダ白黒アンサー。いるのか、いらないのか。はっきりしている時はその時点で店員さんに伝えても、まったく失礼ではないのでご安心を。

これと同じものは
ありますか？

▶098

ヨウ　ホァ　ヂョアガ　イーイアン　ダ　マ
有和这个一样的吗？

Yǒu hé zhège yíyàng de ma ?

雅安のお土産屋さんで販売していたパンダカチューシャの数が
足りなかったので、同じものを注文したら店員さんが遠くまで
取りに行ってくれたのですが、帰ってくるのに10分くらいか
かりました。危うく集合時間に遅刻！

► 099

両替を
お願いします

ウォ　シアン　ヨン　リーユアン　ホアン　ディアル　レンミンビー
我想用日元换点儿人民币。

Wǒ xiǎng yòng Rìyuán huàn diǎnr Rénmínbì.

小さいお店では現金しか使えないので、使いそうな額を日本円から中国元に両替しておくと安心です。ちなみに、お釣りがないお店もあったのですが、代わりにおまけをくれました。

辛くない料理は
ありますか？

►100

有不辣的菜吗？

ヨウ　ブゥ　ラー　ダ　ツァイ　マ

Yǒu bú là de cài ma ?

四川省にいるパンダたちは竹や笹の葉を穏やかに食べているのに、
人間が食べる四川料理は辛い。辛いものが苦手な方は、翌日のパン活中におなかがピーピーすると大変なので、迷わず聞いてみましょう。

辛さを控えめに
できますか？

▶101

（ノン　シャオ　ファン　ラー　マ）
能 少 放 辣 吗？

Néng shǎo fàng là ma ?

とは言え、本場の四川料理は食べてみたいですよね。麻（しび
れ）と辣（辛さ）が効いている料理、辛さを控えめにできるよ
うだったらお願いします。

この料理は
何人前ですか？

►102

ヂョア　シー　ヂー　ガ　レン　チー　ダ
这 是 几 个 人 吃 的?

Zhè shì jǐ ge rén chī de ?

海外では料理の量が日本と異なるので、最初に確認するのが安全
です。取り分けが当たり前のチャイニーズフード。少しの量でも
いろいろな種類を食べたい女子には覚えてほしいフレーズです。

ビールを1杯ください

▶103

ウォ ヤオ イー ベイ ピーヂウ
我要一杯啤酒！

Wǒ yào yì bēi píjiǔ！

▶104

参考 お茶／ジュース

チャー グオヂー
茶 ／ 果汁

chá / guǒzhī

四川料理にはビールですよね！　パン活で疲れた体にしみわたるビール。想像するだけで何本でもいけそうです。「我要一杯〜！（〜を1杯ください）」は、ほかの飲み物にも応用できます。

冷たいお水を
ください

▶105

ゲイ ウォ イー ベイ リアンシュイ
给 我 一 杯 凉水！

Gěi wǒ yì bēi liángshuǐ !

火鍋屋さんでお水を頼んだらお湯が出てきました。辛い四川料理で
痺れた舌を鎮めるには冷たいお水は必須。ぜひ覚えておきましょう。

メニューは
ありますか？

▶106

ヨウ　ツァイダン　マ
有 菜单 吗？

Yǒu càidān ma ?

成都市内の火鍋屋では具材のリストが中国語で書かれたメニューを手渡されました。漢字から具材を推測していきましたが、何が出てくるのか最後までわからないので、スリル感まで味わえます。

おいしい！
ハオチー
好吃！

▶107

Hǎochī！

参考 **まずい！**
ブゥ ハオチー
不 好吃！

▶108

Bù hǎochī！

タケノコを食べている時のシャンシャンは「おいしい！」を全身で表現します。にんじんを発見した時のシャンシャンは「まずい食べ物だ！」と警戒する様子がうかがえます。

お会計を
お願いします

▶109

ヂ エ ヂャン
结账！

Jiézhàng！

従業員が多いお店では、背後で注文かお会計を常に待たれているような気分になります。気にせず、ゆっくり食べてからお会計を。

２人です

▶110

リアン ガ レン
两 个 人。

Liǎng ge rén.

▶111

参考 １人 / ３人 / ４人 / ５人

イー ガ レン　　サン ガ レン　　スー ガ レン　　ウー ガ レン
一 个 人 / 三 个 人 / 四 个 人 / 五 个 人

yí ge rén / sān ge rén / sì ge rén / wǔ ge rén

指を使って数を数える時、中国と日本では指の折り方がまったく
違うのです。指で数を見せるよりも数字を覚えたほうが安心です。

これはどんな
料理ですか？

▶112

ヂョア　シー　シェンマ　ツァイ
这 是 什么 菜?

Zhè shì shénme cài ?

答えがわからなくても、相手の表情から情報を読み取る。たまに
は冒険して、未知なる味にチャレンジするのも旅の楽しみです。

お酢はありますか？

有 醋 吗？

Yǒu cù ma ？

中国人は食べる時に、お酢とこしょうをよく使います。私もお酢が大好き。丸テーブルの調味料セットにお酢がない時は、料理と一緒に必ず注文します。四川料理は黒酢がメインでした。

細麺でお願いします

►114

ヤオ シーミエン
要 细面。

Yào xìmiàn.

参考 **太麺でお願いします**

►115

ヤオ ツゥミエン
要 粗面。
Yào cūmiàn.

麺の種類が豊富な中国。ホテルの朝食バイキングでも細麺、太麺、選び放題でした。

おはしは
ありますか？

▶116

ハイ ヨウ クアイヅ マ
还 有 筷 子 吗？

Hái yǒu kuàizi ma？

▶117

参考 取り皿 / レンゲ / グラス / 湯のみ

ワン	シャオヅ	ベイヅ	チャーベイ
碗	勺子	杯子	茶杯

wǎn / sháozi / bēizi / chábēi

取りばしが必要になったり、追加でおはしをお願いしたい時に使
いたいフレーズ。「还 有 〜 吗？（〜はありますか？）」はいろいろ
な場面で応用できます。

おすすめの料理は
何ですか？

▶118

ヨウ　シェンマ　トゥイヂエン　ダ　ツァイ　マ
有什么推荐的菜吗？

Yǒu shénme tuījiàn de cài ma？

注文する料理が決まらない時、私は必ずお店のおすすめの料理を
うかがいます。間違いないです。

デザートは
ありますか？

▶119

ヨウ　ティエンピン　　マ
有 甜品 吗？

Yǒu tiánpǐn ma？

デザートは別腹。中華の後はいつも定番の杏仁豆腐を注文してしまいますが、現地ではどんどん新しいメニューにチャレンジしてみたい。パンダをイメージしたデザートがあったら迷わず注文しちゃう！

本場の火鍋に挑戦！

天府空港から団体バスに乗り込み、成都市内のホテルにチェックインしたのは深夜0時過ぎでした。「6:30にロビー集合です！」と添乗員さんに告げられてから数分後、私は再びロビーに戻ってきました。睡眠より食を選んだ、ツアーメンバー4人。本場の火鍋を求め、深夜の街へと消えていきました。

　成都では夜中まで営業しているお店が点在しています。私たちが宿泊したエリアは深夜でも交通量がほどほどにあり、身の危険を感じることはありませんでした。ホテルから徒歩圏内にあった火鍋屋では、若いカップルが歩道に設けられたテラス席で火鍋を楽しんでいました。すでに深夜1時を回っていたので、店内にはほかの客はいませんでしたが、内装はおしゃれで明るく、清潔で、とにかく広かったです。注文した火鍋は、白くて穏やかな味のスープの周りを囲むように、巨大な唐辛子と花椒（ホアヂャオ）がたっぷり入った真っ赤な辛いスープの2色で登場しました。野菜や肉が記載されたシートにチェックを入れて具材を注文するシステムで、待っている間に飲み物と火鍋のトッピング（こちらは無料）を自分で用意します。調味料やトッピングも十種類以上が並び、パクチーやネギ、胡麻油、胡麻ペーストなど、自由に付けダレを調合していくのです。ちなみに、火鍋の具材を大量の胡麻油につけて食べるのが本場流だそう。辛いものが大好きな私でもヒーヒー言いながら食べていたので、辛さを和らげるつもりでタレを調合するのが正解かもしれません。

　本場四川省で食べた、深夜の火鍋。数時間後に迫るシャンシャンとの再会への刺激的なスタートになりました。

【シャンシャンに中国語を教えてあげよう！】

中国のパンダたちが新しく仲間入りしたシャンシャンに
中国語を教えたいそうです。どんな言葉で会話してるのかな？

ニンジンは
いらないです

►120

ブゥ　ヤオ　フゥルオボ
不 要 胡萝卜！

Bú yào húluóbo !

いらないったら、いらないです！　シャンシャン以外のパンダは
ニンジンが好きなのにね。パンダにも好き嫌いがあると、シャン
シャンのニンジンスルーで知りました。

りんごをください／
りんごをもっとください

ゲイ ウォ ピンゴオ
给我苹果! / 给我很多很多苹果!
Gěi wǒ píngguǒ ! / Gěi wǒ hěn duō hěn duō píngguǒ !

►121

►122

風の便りで、シャンシャンが最初に覚えた言葉は「おりんご」だと聞きました。でも、上野動物園生まれのシャンみつ姫には、もう少し丁寧な中国語を覚えてもらいましょう。ちなみに、花花ちゃんもおりんごが大好きです。上目遣いのおにぎりスタイルで、Grandpa Tan にいつもおねだりしています。花花ちゃん、シャンシャンにも中国式のおねだりを教えてあげてね。

おなかが痛いです

▶123

ドゥーヅ ハオ トン オ
肚子 好 痛 哦 ……
Dùzi hǎo tòng o ......

繊維質が多い竹や笹を主食にするパンダ。繊維で傷ついた腸の粘膜をうまく排泄できない時は、おなかが痛くなるそうです。以前、シャンシャンも腹痛で寝込んだことがありました。心配で上野動物園までお見舞いに行きましたが、翌日にはケロッと復活。パンダあるあるなんですね。

今日はお休みさせて
ください

<ruby>今<rt>ヂンティエン</rt></ruby><ruby>天<rt></rt></ruby> <ruby>让<rt>ラン</rt></ruby> <ruby>我<rt>ウォ</rt></ruby> <ruby>休<rt>シウシ</rt></ruby><ruby>息<rt></rt></ruby> <ruby>一<rt>イーシア</rt></ruby><ruby>下<rt></rt></ruby> <ruby>吧<rt>バ</rt></ruby> ……

Jīntiān ràng wǒ xiūxi yíxià ba ……

シャンシャンが朝寝坊で出社拒否！？　パンダにもお休みしたい
理由があるはず。頻繁に使われては困るフレーズですが、たまに
は休暇をもらえるといいね、シャンシャン。

こっちのタケノコのほうが
おいしいですね

<ruby>这<rt>ヂョ</rt></ruby><ruby>个<rt>ア</rt></ruby><ruby>竹<rt>ガ</rt></ruby><ruby>笋<rt>デュースン</rt></ruby><ruby>更<rt>ゴン</rt></ruby><ruby>好吃<rt>ハオチー</rt></ruby>

ヂョアガ　デュースン　ゴン　ハオチー
这个 竹笋 更 好吃！
Zhège zhúsǔn gèng hǎochī！

▶125

食にはこだわりがあるシャンシャン。お口に合うタケノコやパンダ団子、おりんごをたくさんもらえるように、グルメ気取りできるセリフは覚えておくといいかも。

あの子イケパンね

►126

ナー イー デー ヘン シュアイ オ

那一只很帅哦!

Nà yì zhī hěn shuài o !

シャンシャンはどんなパンダが好み?　できれば性格がやさしくて、お顔はイケパンがいいな。でも、シャンシャンが選ぶパートナーだもん。どんな子でも応援することをここで誓います!

お母さんに会いたいです

ハオ　シアン　ヂエンダオ　マーマ　ア
好想见到妈妈啊。

Hǎo xiǎng jiàndào māma a.

▶127

シャンシャンはお母さんシンシンのことが大好き。シンシンの愛情に包まれて育ったシャンシャンの小さな体は、ピンク色に染まっていました。シンシンの大きな体を踏み台にしておやつをおねだりしたり、ハンモックを二人で奪い合ったり、ごはんを食べているシンシンを邪魔するたびに足蹴りをくらったり。二人が一緒にいる時間、観覧エリアはいつも笑いで溢れていました。独り立ちした翌日も、心配でまた会いに行きましたが、シャンシャンはいつも通り元気そうでした。でも、たまには思い出すよね、大好きなお母さんのこと。お母さんに、会いたいです。

単語集 【パンダの名前】

シャンシャン （香香）	シアンシアン **香 香** Xiāngxiāng
シンシン （真真）	ヂェンヂェン **真 真** Zhēnzhēn

リーリー （カカ）	リーリー **力力** Lìlì
シャオシャオ （暁暁）	シアオシアオ **暁 暁** Xiǎoxiǎo

レイレイ （蕾蕾）	レイレイ **蕾蕾** Lěilěi
タンタン （旦旦）	ダンダン **旦旦** Dàndan

オウヒン （桜浜）	インバン **櫻浜** Yīngbāng
トウヒン （桃浜）	タオバン **桃浜** Táobāng

ユイヒン （結浜）	ヂエバン **结浜** Jiébāng
サイヒン （彩浜）	ツァイバン **彩浜** Cǎibāng

フウヒン （楓浜）	フォンバン **枫浜** Fēngbāng
ラウヒン （良浜）	リアンバン **良浜** Liángbāng

エイメイ （永明）	ヨンミン **永明** Yǒngmíng
ホーファ／ ファーファー （和花／花花）	ホァホア　ホアホア **和花/花花** Héhuā　Huāhuā

ホーイエ （和葉）	ホァイエ **和叶** Héyè
ベイベイ （貝貝）	ベイベイ **贝贝** Bèibei

ユアンメン （円夢）	ユアンモン **圆梦** Yuánmèng
チーザイ （七仔）	チーヅァイ **七仔** Qīzǎi

【地名・施設名】

►129

四川省	スーチュアンション **四 川 省** Sìchuānshěng
成都	チョンドゥー **成 都** Chéngdū
雅安	ヤアアン **雅安** Yǎ'ān
成都天府国際空港	チョンドゥー ティエンフー グオヂー ヂーチャン **成 都 天 府 国 际 机 场** Chéngdū Tiānfǔ guójì jīchǎng
成都双流国際空港	チョンドゥー シュアンリュウ グオヂー ヂーチャン **成 都 双 流 国 际 机 场** Chéngdū Shuāngliú guójì jīchǎng
臥龍自然保護区	ウォロン グオヂアヂー ヅーラン バオフーチュイ **卧 龙 国 家 级 自 然 保 护 区** Wòlóng guójiājí zìrán bǎohùqū
中国ジャイアントパンダ 保護研究センター	ヂョングオ ダーシオンマオ バオフー イエンヂウ ヂョンシン **中 国 大 熊 猫 保 护 研 究 中 心** Zhōngguó dàxióngmāo bǎohù yánjiū zhōngxīn
雅安碧峰峡基地	ヤアアン ビーフォンシア ヂーディー **雅 安 碧 峰 峡 基 地** Yǎ'ān Bìfēngxiá jīdì
都江堰基地	ドゥーヂアンイエン ヂーディー **都 江 堰 基 地** Dūjiāngyàn jīdì
成都ジャイアントパンダ 繁殖研究基地	チョンドゥー ダーシオンマオ ファンユィ イエンヂウ ヂーディー **成 都 大 熊 猫 繁 育 研 究 基 地** Chéngdū dàxióngmāo fányù yánjiū jīdì

1	イー 一 yī	2	アル 二 èr	3	サン 三 sān	4	スー 四 sì
5	ウゥ 五 wǔ	6	リュウ 六 liù	7	チー 七 qī	8	バー 八 bā
9	ヂゥ 九 jiǔ	10	シー 十 shí				

黒	ヘイスァ 黒色 hēisè	白	バイスァ 白色 báisè
赤	ホンスァ 红色 hóngsè	青	ランスァ 蓝色 lánsè
黄色	ホアンスァ 黄色 huángsè	緑	リュイスァ 绿色 lǜsè
茶色	ヅォンスァ 棕色 zōngsè	ピンク	フェンホンスァ 粉红色 fěnhóngsè
金	ヂンスァ 金色 jīnsè	銀	インメァ 银色 yínsè

【料理・ドリンク】

担々麺	ダンダンミエン 担担面 dàndànmiàn	麻婆豆腐	マーボードウフ 麻婆豆腐 mápódòufu
棒棒鶏	バンバンヂー 棒棒鸡 bàngbàngjī	よだれ鶏	コウシュイヂー 口水鸡 kǒushuǐjī
回鍋肉	ホイグオロウ 回锅肉 huíguōròu	牛肉の 唐辛子煮	シュイヂューニュウロウ 水煮牛肉 shuǐzhǔniúròu
魚の唐辛子煮	シュイヂューユィ 水煮鱼 shuǐzhǔyú	酸辣湯	スアンラータン 酸辣汤 suānlàtāng
細切り豚肉の 豆板醤炒め	ユィシアンロウスー 鱼香肉丝 yúxiāngròusī	火鍋	フオグオ 火锅 huǒguō
鶏肉のカシュー ナッツ炒め	ゴンバオヂーディン 宫保鸡丁 gōngbǎojīdīng	野菜炒め	チャオチンツァイ 炒青菜 chǎoqīngcài
チャーハン	チャオファン 炒饭 chǎofàn	米	ミーファン 米饭 mǐfàn
麺	ミエン 面 miàn	牛肉	ニュウロウ 牛肉 niúròu
鶏肉	ヂーロウ 鸡肉 jīròu	豚肉	ヂューロウ 猪肉 zhūròu

アヒル	ヤアロウ 鸭肉 yāròu	魚	ユィ 鱼 yú
エビ	シア 虾 xiā	カニ	シエ 蟹 xiè
ビール	ビーヂウ 啤酒 píjiǔ	紹興酒	ホアンヂウ 黄酒 huángjiǔ
白酒	バイヂウ 白酒 báijiǔ	ワイン	ホンヂウ 红酒 hóngjiǔ
コーラ	コァロァ 可乐 kělè	ジュース	グオヂー 果汁 guǒzhī
コーヒー	カーフェイ 咖啡 kāfēi	紅茶	ホンチャー 红茶 hóngchá
緑茶	リュイチャー 绿 茶 lùchá	烏龍茶	ウーロンチャー 乌龙茶 wūlóngchá
プーアル茶	プーアルチャー 普洱茶 pǔ'ěrchá	牛乳	ニュウナイ 牛奶 niúnǎi

おわりに

「英語が話せれば、どうにかなるさ！」ヨーロッパやアメリカを一人で旅しても、英語が話せれば怖いものはないと信じていた私にとって、言葉は最大の武器でした。困ったこと、知りたいことがあれば、現地の人に聞けばいい。まだ携帯もネットもない時代で、海外に行く時はガイドブックや英和辞典を持ち歩く人もいました。その常識が覆されたのは、東南アジアや中国の山奥を訪れた時。世界共通語だと思っていた英語がまったく通じないのです。カンボジアでも、タイでも、自分のルーツがある中国に行っても会話が成立しない場面に遭遇し、顔の表情や身振り手振り、あらゆるコミュニケーションツールを駆使しながら気持ちを伝える努力をしました。NHK中国語会話に出演していた１年間は仕事を通して中国語を勉強する機会に恵まれましたが、言葉は使わないと忘れてしまうものですよね。

それから 20 年以上が経ち、2023 年に日本から 4 頭のパンダが中国に旅立ちました。パンダ大好き、ソフトに追っかけをしていた私は再会の日を夢見ながら中国語レッスンに通い始め

たのです。ただ、初心者
としてリスタートした私
が、パンダに会いに行く
ために必要な中国語を修
得するには時間がかかる。
このペースだと、パンダ
たちが一般公開される時
期には間に合わない。目

的がわかっているのであれば、ピンポイントで中国語を学びた
い！　焦る気持ちを受け止めてくれたのは家族やこの本の企画
に賛同してくださった、毎日パンダこと高氏貴博さんと白水社
の編集者の杉本さんと轟木さんでした。

　いろいろな場面を想定しながらフレーズを決めていく中、イ
ラストはシャン友の yoko さんにお願いすることにしました。
yoko さんが描くシャンシャンは愛に溢れ、ピュアで、眺めて
いるだけで涙が溢れるのです。100 通り以上のフレーズにす
べて、イラストを描き下ろしてくださいました。中国語訳は茜
千里先生にお願いしました。

　そして、本を作っている最中にシャンシャンが一般公開され
れ、短い期間でしたが再会ツアーに参加することができたので
す。シャンシャンが会話している場面を妄想したり、個人旅行
で中国に行ったパン友 tina ちゃんには旅の情報をヒアリング
させていただいたり。初心者でもリアルに使える言葉や旅のア
ドバイスを書き加えました。今は携帯で訳されたフレーズを現
地の人と見せ合うことで会話が成立する、便利な時代です。で
も、現地の人たちと少しでも会話ができたら、もっともっとパ
ンダ愛が広がるはず。またパンダに会いに行く日がやってきた
時は、この本を片手に、現地のパン友さんたちとパンダ愛を分
かち合いたいと思います。

はな
モデル・タレント。1971 年横浜生まれ。「non-no」などファッショ
ン誌で活躍。上智大学比較文化学部で東洋美術史を専攻。TVの司
会、エッセイの執筆など多数。NHK「中国語会話」への出演をきっ
かけに、日本パンダ保護協会のパンダ大使に任命される。FM ヨコハ
マ毎週金曜 9 〜 12 時「Lovely Day ♡〜 hana 金〜」生放送 DJ を担当。
Instagram@hanalovestaco

yoko
シャンシャンに出会ってパンダ愛に目覚めた、パンダファンに絶大な
人気を誇る SNS アーティスト。妄想ストーリーをインスタグラムに
ゆる〜く更新中。NHK のシャンシャン特別番組でもイラストを担当。
Instagram@yoko8195

茜千里（あかね せんり）
上海出身。上智大学・成蹊大学講師。

【中国語ナレーション】
姜海寧

【写真クレジット】
カバー・表紙　撮影：高氏貴博
帯・カバー袖　撮影協力：PARCO_ya 上野
p53　撮影：二木繁美
p56, 67, 78, 81, 82, 83, 84　撮影：高氏貴博
＊本文写真中、特に表記のないものはすべて著者と編集部による。

【装幀・本文デザイン】
天野昌樹

はなと学ぶ　パンダに会いに行くための中国語

2024 年 4 月 25 日　第 1 刷発行
2024 年 5 月 15 日　第 3 刷発行

著者　　　　Ⓒはな
絵　　　　　yoko
中国語執筆協力　茜千里
発行者　　　岩堀雅己
発行所　　　株式会社白水社
　　　　　　〒 101-0052
　　　　　　東京都千代田区神田小川町 3-24
　　　　　　電話　営業部　03-3291-7811
　　　　　　　　　編集部　03-3291-7821
　　　　　　振替　00190-5-33228
　　　　　　www.hakusuisha.co.jp
印刷所　　　株式会社理想社
製本所　　　加瀬製本